ACTE PUBLIC

POUR

LA LICENCE

En exécution de l'art. IV, tit. II, de la loi du 22 ventôse an XII.

TOULOUSE,

IMPRIMERIE DE DOULADOURE FRÈRES,
RUE SAINT-ROME, 41.

1859.

A mon Père, à ma Mère.

ACADÉMIE
DE
TOULOUSE.

FACULTÉ DE DROIT
DE
TOULOUSE.

ACTE PUBLIC

POUR

LA LICENCE,

EN EXÉCUTION DE L'ARTICLE IV, TITRE II, DE LA LOI DU 22 VENTÔSE AN XII,

soutenu

Par M. DE CLERMONT (Anatole),

Né à Toulouse (Haute-Garonne).

―――∞⊹ঞ⊹∞―――

JUS ROMANUM.

De Pignoribus et Hypothecis.

Dig. lib. 30, tit. 1. — Inst. Just. lib. 3, tit. 14, § 4.

Pignus est jus constitutum creditori in re aliqua quo cavetur solutio ejus quod ei debetur. Hoc jus pignus appellatum est a pugno, quia res quæ pignori dantur, manu traduntur. Sic creditor qui tale jus habet securus est, nam etiamsi non solverit debitor, sese redimit ex pretio, retentione et venditione pigneratæ rei. Hoc jus pignoris etiam hypotheca appellatur. Hinc ait Marcianus : « Inter pignus autem et hypothecam, tantum nominis sonus

1

differt. » Sed tamen nobis levis quidem differentia inter hos duos contractus inesse videtur. Pignus est contractus bonæ fidei, re constans, quo possessio in creditorem transit; at hypotheca est pactum prætorium quo creditori jus in re constituitur in securitatem creditoris, non in creditorem, rei translata possessione. Tamen hæc duo verba, in usu, idem significant, nam quæ de pignore dicemus, eadem et de hypotheca dicere possumus; et ut clarius appareant quæ a nobis exponenda sunt, hanc thesim in quinque sectiones divisimus: 1º Quibus modis constituitur pignus vel hypotheca; 2º quis rem suam pignori vel hypothecæ dare potest; 3º quæ res pignori vel hypothecæ dari possunt; 4º quæ jura constituuntur creditori; 5º quibus modis pignus vel hypotheca solvitur.

SECTIO I.

Quibus modis constituitur pignus vel hypotheca.

Generalis aut specialis hypotheca esse potest. Specialis, quando obligationis securitate determinatæ res affectantur, ut fundus Tusculanus, aut domus quæ Romæ est. Et retinendum est hypothecam ad omnia quæ rei in pignori data accedunt, æqualiter pertinere.

Generalis verum est hypotheca, quando in omnibus bonis præsentibus et futuris constituitur; sed ea quæ futura sunt tantummodo, quum in bonis debitoris accidunt; tunc jus hypothecæ attingit.

Alia est divisio. Expressæ vel tacitæ sunt hypothecæ.

Expressæ, si per conventum contrahuntur;

Tacitæ, si talem fuisse contrahentium voluntatem, arbitrari potest. Nam in prædiis rusticis, fructus qui ibi nascuntur tacite intelliguntur pignori esse domino fundi locati, etiamsi nominatim id non convenerit.

Tertia est hypotheca quæ legalis hypotheca dici potest, quia a lege ipsa constituta esse videtur.

Principales sunt: Jus fisci in civium bonis ad vectigalia recuperanda et in rebus quorum bona reipublicæ administrant ut de rationibus reddendis respondeant; jus pupillorum et minorum in bonis tutorum et curatorum; jus legatariorum in bonis successionis; nam dicit Ulpianus: Testamento quoque pignus constitui posse, imperator noster cum patre sæpissime rescripsit.

Pignus contrahitur non sola traditione, sed etiam nuda conventione, etsi non traditum est; hinc in re de qua convenit valebit. Res hypothecæ dari possunt pro quacumque obligatione, sive mutua detur pecunia, sive dos, sive emptio, sive venditio contrahatur, vel locatio, vel conductio, vel mandatum. Et sive pura sit obligatio, sive sub conditione, similiter valebit hypotheca, et sive in præsenti contractu, sive etiam præcedat. Dari possunt hypothecæ, non solum solvendæ omnis pecuniæ causa, sed etiam de parte ejus, et vel pro civili obligatione, vel honoraria, vel tantum naturali.

Pro debito conditionali, si obligata sit hypotheca, dicendum est ante conditionem nihil recte agi, quum nihil debeatur, sed si sub conditione debiti venerit conditio, rursus agere poterit.

SECTIO II.

Quis rem suam pignori vel hypothecæ dare potest.

Nunc dare quis hypothecam potest quærere justum est.

Is rem solus pignori dare potest ad quem ea res pertinet, omnia quæ possidet mobilia et immobilia. Rei pigneratæ dominus debitor esse debet, sed non necesse est dominum esse ex jure Quiritium; sufficit autem rem in bonis habere. Sub hac conditione potest quis rem alienam pignori dare, si mea fuerit. Qui alienam rem pignori dat, nihil agit.

Pro domino pignus dare potest is qui habet liberam administrationem, ut tutor, lege non prohibente; procurator certis casibus, sciente et consentiente domino. Contra nec sufficit esse dominum ut quis rem suam pignori dare possit; nam pupillus sine tutoris auctoritate non potest rem suam obligare, quia non habet jus alienandi; nec maritus fundum dotale, etiam approbante et consentiente muliere, quia lex Julia id prohibet.

SECTIO III.

Quæ res pignori dari possunt.

Generaliter dicendum est, omnes res quæ in commercio sunt, pignori dari posse, itaque fundus, domus, servus. Non solum corporales sed etiam incorporales obligari posse censuerunt. Sicut nomina et actiones, etiam et ususfructus sive dominus proprietatis convenit, sive ille qui solùm usumfructum habet. Etiam et ille habitationem habens pignori recte jus habitationis obligabit, quod secundum Justinianum, cedere potest.

Prædiorum servitutes rusticorum pignori hypothecæve dari possunt creditori fundi domino. Jura prædiorum urbanorum pignori dari non possunt. Conventio generalis in pignore dando bonorum vel postea quæsitorum recepta est. Id est, rerum quas quis habuit habiturusve sit.

Si ager qui pignori datur, postea alluvione accrescit. totus ager erit pignori; item si nuda proprietas datur et postea ususfructus accrescit. Si domus datur, etiam area videtur dari, area enim est pars domus: et contra si area datur, domus tenebitur pignori, quia ædificium semper conditionem soli sequitur.

Si servus datur, ejus peculium dari non videtur, nisi specialiter creditor de hoc convenerit. Si ancilla pignori data est, et apud debitorem vel hæredem ejus conceperit, partus pignori erit, licet natus sit apud emptorem.

Diximus quæ res pignori dari possunt; nunc breviter quæ nunquam obligari possunt exponamus.

Nec sacræ, nec religiosæ res, nec liber homo, nec res litigiosa, nec arma militum, nec spes præmiorum athletis constitutorum, nec militum stipendia, nec bona pupilli, nisi decreto, et nummi pro quibus obligata in rem pupilli re ipsa versi forent, nunquam obligari possunt. Aliæ non sunt in commercio, aliæ sunt in commercio, sed lex, magistratusve, testatorve aut conventio, eas obligari prohibent.

SECTIO IV.

Quæ jura constituuntur creditori.

Usque nunc de origine et constitutione hypothecarum disseruimus; de juribus quæ creditori tribuunt quædam verba facere nobis oportere videtur.

Potissima jura sunt hæc : 1º Jus persequendi rem pigneratam actione Serviana, si possessionem jam non habet creditor; 2º jus retinendi si illam habet; 3º jus distrahendi si possessionem à debitore constitutam, vel actione Serviana sibi comparatam, habet.

I. Jus persequendi est jus quo creditor sibi rem pigneratam vindicat. In pignoris vindicatione primo quæritur an rem de qua actum est possideat is

im quo actum est. Nam si vero possideat, et aut pecuniam solvat, aut
em restituat, æque absolvendus est. Si vero non possideat, in possiden-
um manibus creditor etiam vindicare potest vel rem, vel debitum, et
uæ actiones illi competunt; actio Serviana et actio quasi Serviana. Serviana
item experitur quis de rebus coloni quæ pignoris jure, pro mercedibus
indi ei tenentur; quasi Serviana autem quæ creditoris pignora, hypothe-
isve persequuntur.

Quæritur an creditor, antequam distrahat pigneratam rem ex possi-
entis manibus, debet debitoris bona discutere. Secundum veteres, hoc non
at necessarium, sed Justinianus hoc factum esse voluit.

II. Jus retinendi est jus quo creditor facultatem habet servare pignus
uoad integrum debitum solvat debitor. Etenim pignus securitati debiti
fectatum est, et quoad existit debitum, existere debet etiam pignus. Si
iquam debiti partem solverit debitor, non est obligatus illi pignus restituere
editor; nam ei datum est, ut ei magis in tuto sit creditum; ideo ad reli-
uum et superfluum debiti affectatum erit pignus, et tantummodo restitui
ebebit cum plane liberatus erit debitor.

III. Jus distrahendi est jus quo creditor bona debitoris vendere potest, et
oc est maximum et amplissimum. Creditor enim qui vel ab initio habet pos-
ssionem, vel postea per actionem Servianam eam nanciscitur, potest rem
bi pigneratam distrahere ad consequendum ex pretio hoc quod ei debetur.
i unus ex debitoris hæredibus portionem suam solverit, tamen tota res pig-
ori data veniri potest, quemadmodum si ipse debitor portionem solvisset,
dividuum enim est jus pignoris, ut supra diximus. Vice versa si credi-
ri plures hæredes exstiterunt et uni ex his pars ejus solvatur, non debent
eteri hæredes, creditores injuriâ adfici.

Priusquam distrahat, nisi contraria sit conventio, creditor debet denun-
are debitori ut solvat; si debitor id non fecerit, creditor distrahere potest.

Si creditor vendiderit rem pigneratam plusquam debitum sit, superfluum
ebitori restituere debet.

Pigneratam rem emere non potest creditor, nisi ullus sit emptor, et sine
ebitoris consensu.

Si creditor rem pigneratam, minus quam debitum sit, vendiderit, actio-
em habebit in debitorem ut pecuniam debitam perficiat.

SECTIO V.

Quibus modis pignus vel hypotheca solvitur.

Duæ sunt pignoris et hypothecæ solutiones : directæ vel indirectæ.

I. Quum accessorium sequitur semper principale, pignus et hypotheca exstinctione principalis obligationis cui inhærent, extingui placuit. Si igitur solutione, novatione, compensatione, confusione, exstinguitur principalis obligatio, eodem modo exstingui dicitur pignus et hypotheca.

Nihil refert an ipse debitor solverit, an extraneus pro eo ; sed contrario si jus obligationis vendiderit creditor, manent integræ obligationes, nam pecuniam pretii loco, et non solutionis nomine accepisse censetur. Hoc est quod jus offerendæ pecuniæ nominabant.

II. Indirecte dicitur solvisse pignus aut hypotheca, quando exstinguitur, salva autem obligatione.

1º Perducitur pignoris exstinctio, rei in pignori datæ interitu.

2º Idem dicendum est quum creditor jus pignoris debitori remisit. Hoc contigit vel quum de pignore remittendo speciale pactum interponitur, vel quum alienationi rei creditor consensit.

3º Si ad tempus concessum est pignus, quum venerit dies, ex pacto extinguetur :

4º Denique præscriptio jus pignoris ademit jure novo, non solum præscriptione triginta annorum, sed etiam quadraginta debitorem hypothecariam actionem excludere censuerunt.

POSITIONES.

1. Si quis rem obligavit sui hæredis, quùm exstiterit hæres ille cujus pignerata fuit res, habebitne actionem pigneratitiam creditor ? — Non habebit. — (L. 41; Dig. lib. 13, tit. 7, de pigneratitia actione.) — *Contr.* — L. 22, hoc titulo. — Quomodò conciliantur hæ duæ leges ?

2. Cur error circa materiam rei non prohibet constitui pignus, dum aliter se res habet in emptionis contractu ? (L. 1, § 2, hoc titulo.)

3. Cur dum non utile obligatur res ad fulciendam mulieris obligationem, contra id agitur de obligatione filii familias ? (L. 2, Dig. lib. 20, tit. 3,)

CODE NAPOLÉON.

Des Priviléges et Hypothèques.

(Livre III, Titre XVIII.)

DISPOSITIONS GÉNÉRALES.

Quand une personne a plusieurs créanciers et que son patrimoine ne suffit pas pour les désintéresser tous, il faut arriver à une contribution proportionnelle. Chacun des créanciers reçoit un dividende au marc le franc, car il n'y a pas de raison de payer telle dette plus tôt que telle autre. Mais il arrive souvent que le créancier ne veut pas courir cette chance de contribution, et veut être assuré d'un payement intégral. On a imaginé, en Droit Romain comme en Droit Français, plusieurs moyens pour arriver à ce but; les principaux sont le privilége et l'hypothèque notamment, qui se définit : un droit réel en vertu duquel on affecte un immeuble à l'exécution d'une obligation, mais sans que la possession soit remise au créancier, et c'est ce qui distingue l'hypothèque du gage.

Mais ce système offre deux dangers.

Le débiteur garde toujours le droit de disposer de ses biens, et par conséquent il peut diminuer les chances de ses créanciers.

Le même droit appartient à tous les créanciers ; de sorte que si le débiteur est insolvable, ils seront encore obligés de partager au marc le franc.

En se mettant en dehors du droit commun, il est facile d'éviter ces deux dangers. Le créancier peut réclamer des sûretés personnelles, comme la contrainte par corps, le cautionnement. Il peut encore se faire donner des sûretés réelles, en faisant affecter un ou plusieurs biens déterminés au payement de sa créance ; par un gage, une hypothèque, une antichrèse. La loi elle-même place quelquefois un créancier en dehors du droit commun en lui accordant, soit une hypothèque, soit un privilége.

Nous sommes donc conduits à distinguer plusieurs classes de créanciers.

Ils sont de trois sortes :

Les créanciers chirographaires. — Ils ne sont payés qu'après les créanciers hypothécaires et les créanciers privilégiés ; ils concourent entre eux ; ils partagent au marc le franc. Les aliénations faites de bonne foi leur sont opposables.

Les créanciers hypothécaires. — Ils priment les créanciers chirographaires, mais sont primés par les créanciers privilégiés. Ils sont payés par préférence les uns aux autres, le premier inscrit avant le second et ainsi de suite. Les aliénations, consenties même de bonne foi, ne leur sont pas opposables.

Les créanciers privilégiés. — Ils priment les deux autres quand même leur privilége aurait été inscrit après l'hypothèque. Entre eux, ils sont payés non par rapport à leur rang ; celui-là prime les autres qui a un privilége d'une qualité préférable à celle des autres priviléges.

Maintenant qu'est-ce qu'un privilége ?

« Un privilége est un droit que la qualité de la créance donne à un créan» cier d'être préféré aux autres créanciers même hypothécaires. »

Les circonstances qui font qu'une créance est privilégiée, peuvent se ramener à cinq :

1º Considération d'équité. — Ainsi les frais de justice.

2º Considération d'humanité. — Frais de dernière maladie, et fourniture de subsistances.

3º Considération d'intérêt général. — Frais funéraires.

4º Constitution expresse ou tacite de gage. — Le privilége du locateur, sur les meubles du locataire, de l'aubergiste sur les effets du voyageur.

5º La circonstance que la créance a mis ou conservé dans le patrimoine du débiteur un objet qui n'y serait pas sans elle. — Ainsi le vendeur est privilégié sur la chose vendue ; celui qui a fait des dépenses pour conserver une chose, sur la chose conservée.

CHAPITRE PREMIER.

DES BIENS SUSCEPTIBLES DE PRIVILÉGES OU D'HYPOTHÈQUES.

L'article 2114 du Code Napoléon définit l'hypothèque, un droit réel sur les immeubles affectés à l'acquittement d'une obligation. D'où il suit clairement que les immeubles seuls sont susceptibles d'hypothèques.

Les priviléges, au contraire, nous dit l'article 2099 du même Code, peuvent porter sur les meubles et sur les immeubles. Signalons en passant cette importante différence. Dans notre second chapitre nous aurons à y revenir, quand nous nous occuperons des priviléges sur les immeubles et de leur classement. Ne nous occupons maintenant que des hypothèques. La première question qui se présente naturellement à l'esprit est celle-ci : Tous les immeubles sont-ils susceptibles d'hypothèques ? Quels sont les immeubles qui peuvent être hypothéqués ?

1º Peuvent être hypothéqués, les immeubles qui sont dans le commerce.

2º Cependant il est des immeubles, qui, bien qu'ils soient dans le commerce, sont, comme les meubles, non susceptibles d'hypothèques.

Telle sera la division naturelle de ce present chapitre.

I.

Immeubles qui peuvent être hypothéqués.

La réponse à cette question découle tout entière de la combinaison de l'article 2118 avec l'article 2204. Le premier cite les immeubles qui peuvent être hypothéqués ; le second énumère quels immeubles peuvent être vendus par voie d'expropriation forcée, et chacun de ces deux textes emploie les mêmes expressions pour désigner les mêmes immeubles.

Ces deux articles sont corrélatifs. En effet, n'est-il pas de la nature même de l'hypothèque, de conférer au créancier le droit de faire vendre aux enchères les biens affectés à la sûreté de sa créance, pour se faire payer sur le prix en provenant, de préférence aux autres créanciers ?

Que disent donc ces deux articles?

Sont susceptibles d'hypothèques, énonce l'article 2118 :

1° Les biens immobiliers qui sont dans le commerce et leurs accessoires réputés immeubles ;

2° L'usufruit des mêmes biens et accessoires pendant sa durée.

I. Les immeubles le sont par leur nature (518-521) ou par leur destination (art. 524-525).

1° Les immeubles par nature sont susceptibles d'hypothèques, car ils sont susceptibles d'expropriation forcée : tels qu'un fonds de terre, une maison.

On peut hypothéquer l'immeuble ou en entier ou par portion, soit que la portion soit déterminée par un signe indicateur, soit qu'elle soit indivise, comme un quart, un tiers.

Le propriétaire conserve toujours la propriété de la chose hypothéquée; il peut la louer, l'aliéner à son gré. Toutefois le prix des loyers et fermages échus, les fruits recueillis après la transcription de la saisie sont immobilisés, c'est-à-dire, qu'ils deviendront immeubles, et que le prix en provenant est, comme celui de l'immeuble, distribué aux créanciers.

2° Les immeubles par destination sont les objets que le propriétaire d'un fonds y a placés pour le service et l'exploitation de ce fonds. Ainsi les animaux attachés à la culture, les instruments aratoires, la vaisselle vinaire, etc. C'est ce que l'article 2118 désigne sous ce nom, « et leurs accessoires réputés immeubles. » Ces objets sont susceptibles d'être hypothéqués, car ils peuvent être expropriés.

Mais ici une distinction importante doit être faite. Ces biens ne peuvent faire l'objet direct et principal d'une hypothèque, car leur nature est mobilière dès qu'on les considère, abstraction faite du fonds auquel ils sont attachés; s'ils sont susceptibles d'hypothèque, c'est seulement en même temps que le fonds principal, et en vertu de la règle : *Accessorium semper sequitur principale.*

II. L'usufruit des biens immobiliers. — L'usufruit est considéré comme une véritable propriété. On peut vendre, céder son droit (595). Les créanciers peuvent le faire saisir (2204); on peut donc l'hypothéquer jusqu'à concurrence de son droit. Mais l'hypothèque s'éteint par la perte de la chose

la fin de l'usufruit. Si l'usufruitier acquiert la nue propriété de l'immeu-
, l'hypothèque subsistera toujours, car il n'est pas permis au débiteur de
ninuer les sûretés de ses créanciers.

Tels étaient, à l'époque de la rédaction du Code, les biens susceptibles
ypothèques. Depuis, diverses lois ont étendu ce droit :

1° Aux mines exploitées en vertu d'un acte de concession du gouvernement
oi du 21 avril 1810);

2° Aux actions immobilières de la Banque de France (décret du 16 jan-
r 1808);

3° Aux actions immobilières de la compagnie des Canaux d'Orléans et du
ing (décret du 16 mars 1810).

II.

Immeubles qui ne peuvent pas être hypothéqués.

L'hypothèque est une véritable aliénation. Par conséquent les droits im-
obiliers qui sont incessibles ne peuvent être susceptibles d'aucune hypo-
èque : ainsi les droits d'usage et d'habitation. Ces droits-là ne sont pas
n plus soumis à l'expropriation forcée.

Peut-on hypothéquer une servitude? A Rome, la loi permettait l'hypothè-
e des servitudes rurales en défendant celles des servitudes urbaines. A la
gueur, ce droit pouvait être vendu aux enchères, car les propriétaires
isins du fonds servant pouvaient se porter adjudicataires et l'acquérir pour
x et l'attacher à leur fonds. Le Code n'a pas permis d'hypothéquer les
rvitudes, car il y aurait eu peu d'enchérisseurs, et l'adjudication se serait
ite à vil prix.

Les actions immobilières telles que l'action en revendication, en resci-
on, ne sont pas susceptibles d'hypothèque, car elles ne peuvent être vendues
1 cédées sans l'immeuble sur lequel elles reposent.

Résumons-nous en quelques mots, et disons : Ne peuvent être hypo-
équés,

1° Le droit d'habitation et d'usage ;

2° Les servitudes ;

3° Les actions immobilières.

Pour compléter cette importante matière, il nous reste à expliquer la règle formulée dans l'article 2119 : « Les meubles n'ont point de suite par hypothèque » et qui a donné lieu à quelques difficultés parmi les commentateurs.

Le Droit Romain permettait d'hypothéquer les meubles, et l'hypothèque ainsi constituée conférait un droit de suite et un droit de préférence.

Dans notre ancien Droit Français l'hypothèque sur les meubles fut admise par les coutumes, notamment par celle de Normandie ; mais comme ce droit de suite gênait les opérations de commerce, on restreignait l'hypothèque au seul droit de préférence. De là, la maxime : *Meubles n'ont pas de suite par hypothèque.*

La coutume de Paris et d'Orléans alla plus loin ; elle supprima le droit de préférence ; mais, par une bizarrerie inexplicable, elle conserva la formule : *Meubles n'ont pas de suite par hypothèque*, formule inexacte, car elle ne répondait pas à l'idée qu'elle voulait exprimer.

Les rédacteurs du Code ont reproduit cette même formule dans l'article 2119. Qu'ont-ils voulu dire? Ont-ils adopté le sens de la coutume de Paris et d'Orléans, ou celui de la coutume de Normandie? Ici il faut consulter l'esprit de la loi, et la réponse sera facile.

Dans l'article 2114, le Code définit l'hypothèque un droit réel ; dans l'article 2118, il ne permet de l'établir que sur des biens immobiliers. Evidemment il a rejeté la règle, Meubles n'ont point de suite par hypothèque.

D'un autre côté, si l'on considère qu'il est très-facile de donner un meuble en gage, que le droit de suite est une entrave continuelle au commerce, que le droit de préférence est lui-même un droit dangereux, car il est impossible d'avertir les tiers de son existence, il sera facile de saisir le véritable sens de l'article 2119.

Il signifie : les meubles ne sont pas susceptibles d'hypothèques.

Seulement les rédacteurs du Code ont maladroitement copié la mauvaise formule des coutumes de Paris et d'Orléans.

CHAPITRE II.

Des priviléges sur les immeubles et de leur classement.

Nous avons défini le privilége « un droit que la qualité de la créance donne au créancier d'être préféré aux autres créanciers, même hypothécaires (art. 1095). » Les priviléges, dit l'article 1099, peuvent porter sur les meubles et sur les immeubles.

Nous n'avons à nous occuper que des derniers.

Disons d'abord quels sont les priviléges sur les immeubles. Nous examinerons ensuite quel rang ils doivent occuper lorsqu'ils concourent entre eux.

I.

Des priviléges sur les immeubles.

L'article 2003 en énumère cinq.

I. *Le privilége du vendeur.* — Le vendeur a aliéné l'immeuble ; mais il est censé s'être réservé sur lui un droit réel pour la garantie de la créance du prix, et c'est ce droit qui est le privilége. Il est fondé sur l'équité. Il est juste, en effet, que la créance qui est cause que tel bien existe dans le patrimoine du débiteur, soit payée sur ce bien de préférence à toute autre créance.

Lorsqu'un propriétaire vend un immeuble, il retient sur lui un droit réel qui garantit sa créance. Si l'acheteur le vend à son tour, il retient à son tour un droit réel pour la garantie de la revente ; mais sur l'immeuble amoindri du droit retenu par le premier vendeur. Ainsi le second vendeur ne peut pas concourir avec le premier ; aussi la loi nous dit expressément : quand il y a plusieurs ventes successives dont le prix soit dû en tout ou en partie, le premier vendeur est préféré au second, le second au troisième, et ainsi de suite.

Quelquefois le privilége du vendeur sera primé par des hypothèques.

Exemple : J'acquiers un immeuble grevé d'hypothèques ; si je le vends, mon privilége sera primé par les hypothèques antérieures à la vente.

Outre son privilége, le vendeur a également le droit de demander et d'obtenir la résolution de la vente et d'atteindre les tiers acquéreurs par cette demande en résolution, de telle façon que, même en face de l'extinction du privilége, le vendeur pouvait, sous l'empire du Code Nap., troubler la possession des acquéreurs récents qui s'étaient crus garantis des évictions par l'extinction du privilége. La loi nouvelle de 1855 a, dans son article 7, modifié profondément cet état de choses, en décidant que l'action résolutoire du vendeur ne pourrait plus être exercée après l'extinction de son privilége, au moins au préjudice des tiers qui ont acquis des droits sur l'immeuble du chef de l'acquéreur, et qui se sont conformés aux lois pour les conserver.

II. *Privilége des prêteurs qui ont fourni les deniers payés à l'acheteur.* — Ce privilége est un cas de subrogation consentie par le débiteur au profit d'un tiers qui lui prête les fonds qui servent à sa libération. Ici le prêteur prend le lieu et place du vendeur. Le droit privilégié que donne la vente a donc un moment résidé sur la tête du vendeur, et de là il est passé, par l'effet de la subrogation, sur la tête du nouveau créancier. Mais pour que cette subrogation ait lieu, deux conditions sont exigées par la loi. Il faut 1º que l'acte d'emprunt soit passé devant notaire, et contienne la mention que les deniers prêtés sont destinés à payer le prix de la vente; 2º que la quittance donnée par le vendeur soit également passée devant notaire, et contienne la mention que le prix a été payé avec les deniers empruntés.

La loi exige des actes authentiques pour prévenir les fraudes, par exemple pour empêcher l'acheteur, qui de ses deniers a payé le vendeur, de faire revivre le privilége et de le transporter à un créancier qu'il voudrait favoriser au préjudice des autres.

III. *Privilége des cohéritiers.* — Ce privilége appartient à toute personne qui est devenue créancière en vertu du partage d'une chose indivise. L'article 2103 ne parle que des cohéritiers; mais il faut le compléter par l'article 2109, où il est question des copartageants.

Ce privilége peut s'établir de trois manières :

1º Le copartageant évincé de la partie qui lui est échue en partage, a un recours contre ses copartageants pour les forcer à partager avec lui la perte que lui occasionne l'éviction. C'est ce recours qui est privilégié.

2º Quand les lots ne peuvent pas être faits également, celui des copartageants qui prend le plus fort doit payer aux autres une somme d'argent qu'on appelle soulte. C'est cette soulte qui est garantie par un privilége.

3º Lorsqu'un immeuble n'est pas commodément partageable, qu'il est vendu aux enchères sur licitation, et que c'est un des copartageants qui se porte adjudicataire, le prix de son adjudication est garanti par le privilége accordé aux copartageants.

IV. *Privilége des architectes, entrepreneurs, ouvriers.* — Ce privilége est accordé par la loi aux architectes, entrepreneurs, maçons et autres ouvriers employés pour édifier, reconstruire ou réparer des bâtiments, canaux ou autres ouvrages quelconques.

Mais pour cela deux conditions sont requises; il faut :

1º Qu'ils fassent, avant de commencer les travaux, dresser par un expert nommé d'office par le Tribunal de première instance dans le ressort duquel sont situés les batiments, un procès-verbal à l'effet de constater l'état des lieux relativement aux ouvrages que le propriétaire déclarera avoir dessein de faire ;

2º Que les ouvrages aient été reçus, dans les six mois de leur perfection, par un expert également nommé d'office.

Mais le montant du privilége ne peut excéder les valeurs constatées par le second procès-verbal, et il se réduit à la plus value existante à l'époque de l'aliénation de l'immeuble, et résultant des travaux qui y ont été faits.

Ce privilége prend sa source dans la considération que nous avons énoncée dans notre premier chapitre, de la conservation ou amélioration de la chose.

V. *Privilége des prêteurs qui ont fourni les deniers pour payer les travaux.* — Ce privilége est semblable à celui des vendeurs, transmissible par voie de subrogation et aux mêmes conditions. Nous les avons suffisamment expliqués quand nous avons parlé du privilége des prêteurs qui ont fourni des fonds pour acheter un immeuble. Il est inutile d'y revenir.

II.

Du classement des priviléges sur les immeubles.

Si l'acheteur d'un immeuble fait faire des réparations sur cet immeuble, le privilége des ouvriers se trouvera en conflit avec celui du vendeur. Qui passera le premier? Les ouvriers. Il en est de même si c'est un héritier qui a reçu l'immeuble dans son lot. En effet, le vendeur ou le cohéritier ne peuvent s'enrichir aux dépens des ouvriers.

Un immeuble a été vendu plusieurs fois successivement. A qui la préférence? Nous l'avons déjà dit; d'abord le premier vendeur, puis le second, et ainsi de suite.

Il faut suivre la même règle lorsque le même immeuble a figuré dans plusieurs partages successifs, car la nature du privilége des copartageants est identique à celle du privilége du vendeur.

Si un immeuble a été vendu et puis partagé, à qui le premier rang? Au vendeur; le copartageant ne passe qu'après lui; car c'est le vendeur qui, en le vendant, a mis l'immeuble dans le patrimoine de l'acheteur; sans lui le copartageant n'y aurait aucun droit. Il est donc juste que le vendeur passe avant lui.

QUESTIONS.

1º Le coéchangiste a-t-il sur l'immeuble qu'il a aliéné un privilége pour la soulte qui lui est due? — Non.

2º Les intérêts du prix de vente sont-ils garantis par le privilége? — Non.

3º La soulte due par un cohéritier est-elle privilégiée sur tous les immeubles des cohéritiers, ou seulement sur celui qui est tombé au lot du débiteur de la soulte? — Sur tous les immeubles.

4º Si la plus value d'un bâtiment reçoit elle-même, par suite de quelque circonstance fortuite, une nouvelle amélioration, le privilége des ouvriers s'exercera-t-il sur cette amélioration? — Non.

5º Quand un vendeur a cédé en partie son privilége, et que le prix de l'immeuble est devenu insuffisant pour payer ce qui lui reste dû et ce qui est dû au cessionnaire, qui devra supporter la perte, le vendeur ou le cessionnaire, ou tous les deux proportionnellement? — La perte retombera sur le vendeur.

DROIT COMMERCIAL.

De la Lettre de change.

Du Rechange.

Par le contrat de change qui s'était formé entre le tireur et les endosseurs de la lettre de change, ceux-ci s'étaient personnellement engagés les uns envers les autres, et tous solidairement envers le porteur, à garantir l'acceptation et le payement de la lettre, ou à rembourser la valeur avec les frais de protêt et de retour. De là le recours qui est accordé au porteur quand la traite n'est pas payée; mais ce recours peut quelquefois ne pas suffire au porteur de la lettre de change. Il peut être pressé d'argent et n'avoir pas le temps d'attendre le délai qui est nécessaire pour obtenir un jugement de condamnation contre ses garants et l'exécuter : la loi est venue à son aide.

Elle lui accorde le moyen de trouver des fonds sur-le-champ, en prenant chez un banquier une somme d'argent pareille à celle énoncée dans la lettre de change, et en donnant au banquier une nouvelle lettre de change de la même somme tirée à vue sur le tireur, ou sur l'un des autres endosseurs.

C'est ce qu'on appelle le rechange.

Mais le Code emploie ce mot dans deux acceptions différentes.

Dans la première (art. 177), on entend par rechange l'opération par laquelle le porteur qui a fait protester la lettre pour défaut de payement, tire à son tour sur le tireur ou les endosseurs de la lettre de change, une nouvelle lettre, afin de se faire rembourser du montant de la lettre de change, et des frais de protêt et de retour.

On appelle *retraite*, cette nouvelle lettre de change ainsi tirée par le porteur sur le tireur ou l'un des endosseurs (art. 178).

Dans la seconde acception, le mot *rechange* signifie le prix du change auquel se négocie la retraite. C'est en ce sens que ce mot est employé dans les art. 179, 183, 186, Cod. com.

Lorsque le porteur fait une retraite, elle doit être accompagnée de ce qu'on appelle un compte de retour (art. 180 Cod. com.). C'est une espèce de bordereau qui comprend le principal de la lettre de change protestée faute de payement, les frais de protêt et autres frais légitimes, tels que commissions de banque, courtage, timbre et ports de lettre.

Outre ces détails, le compte de retour énonce le nom de celui sur qui la retraite est faite, ainsi que le prix du change auquel elle est négociée, lequel rechange est certifié par un agent de change ou par deux commerçants, dans les lieux où il n'y a pas d'agents de change. Lorsque la retraite est faite sur l'un des endosseurs, elle est accompagnée, en outre, d'un certificat qui constate le cours du change du lieu où la lettre de change était payable sur le lieu d'où elle a été tirée (art. 181 Cod. com.).

On joint au compte de retour la lettre de change protestée faute de payement, l'acte de protêt ou une expédition de cet acte.

Nous avons dit que la retraite pouvait être faite par le porteur sur le tireur, ou sur l'un des endosseurs.

Lorsque le porteur fait retraite sur le tireur, la loi dit d'une manière claire et précise, comment doit se régler le prix du change auquel se négocie la retraite. Le rechange, porte l'art. 179, se règle à l'égard du tireur par le cours du change du lieu où la lettre de change était payable sur le lieu d'où elle a été tirée. Exemple : Primus de Bordeaux, tire une lettre de change payable à Paris, au profit de Secundus. A Paris, la lettre de change est refusée ; Secundus se rembourse en tirant une retraite sur Primus de Bordeaux ; il fera payer à ce dernier le prix du change de Paris (lieu où la lettre de change était payable), sur Bordeaux (d'où elle a été tirée) ; il n'y a aucune difficulté sur ce point.

L'art. 79 ajoute : A l'égard des endosseurs, le rechange se règle par le cours du lieu où la lettre de change a été remise ou négociée par eux sur le lieu *où le remboursement s'effectue.* Que faut-il entendre par ces mots, le *lieu où le remboursement s'effectue ?* On ne peut pas les prendre dans le sens de lieu où la lettre de change a été tirée. En effet, on ne comprendrait pas que le législateur, dans le même article, se fût servi de deux expressions différentes pour indiquer la même chose. Nous pensons donc qu'il faut les entendre en ce sens, qu'ils désignent le domicile de l'endosseur plutôt que le lieu où la négociation a été opérée par lui. En effet, le domicile de l'endosseur est un lieu plus fixe que celui de la négociation, et qui a dû entrer beaucoup plus, ce semble, dans les prévisions de celui contre lequel on recourt.

Mais que faut-il décider relativement au rechange que doit en définitive payer le tireur, lorsque le rechange à l'égard de l'endosseur est plus considérable que si on avait recouru contre le tireur directement? Nous croyons qu'en définitive, l'endosseur devra payer cette augmentation quand elle est assez considérable à cause de l'éloignement du domicile de l'endosseur, et qu'elle ne doit point demeurer à la charge du porteur, car celui-ci n'est pas toujours libre de recourir, soit contre le tireur, soit contre l'endosseur. Mais en revanche, nous pensons que lorsque le cours du change est moins fort à l'égard de l'endosseur que si on avait recouru contre le tireur, ce dernier bénéficiera de la différence.

Pour éviter les inconvénients de l'ancienne jurisprudence qui permettait de cumuler les rechanges successifs, le Cod. de com. a décidé dans l'art. 183, que chaque endosseur n'en supporterait qu'un seul, ainsi que le tireur, parce qu'ils se remboursent de l'un à l'autre dans leurs recours successifs, comme dit l'art. 182. Ainsi, Primus tire à Bordeaux une lettre de change sur Paris au profit de Secundus, celui-ci la négocie à Lyon, au profit de Tertius, qui la négocie à Marseille au profit de Quartus. A Paris, la lettre de change est refusée; le porteur Quartus se rembourse par une retraite sur Tertius de Marseille, celui-ci se rembourse à Marseille par une retraite sur Secundus de Lyon, qui en dernier lieu se rembourse à Lyon par une retraite sur le tireur Primus de Bordeaux. Quels sont les rechanges que l'on doit payer?

Le rechange de la première retraite, celui de Paris à Marseille, sera payé par l'endosseur Tertius; le rechange de la seconde retraite, tirée de Marseille à Lyon, sera payé par Secundus, endosseur de Lyon; enfin, ce dernier, en se remboursant par une retraite sur le tireur Primus, lui fera payer le rechange de Paris à Bordeaux, parce que ce tireur lui avait donné à Bordeaux une lettre de change qu'il s'était engagé à faire payer à Paris. On voit ainsi que pour chaque endosseur, le rechange se rembourse de l'un à l'autre.

Si les rechanges ne peuvent être cumulés, et si chaque endosseur n'en supporte qu'un seul, ainsi que le tireur (183 Cod. com.), il n'en est pas de même du compte de retour qui est le même pour tous, et qui, remboursé d'endosseur à endosseur, arrive en définitive au tireur. Ce rechange, que l'on fait supporter à chaque endosseur, est regardé comme une compensation de l'utilité qu'il a tirée de la négociation de la lettre de change; mais pourquoi chaque endosseur n'est-il pas remboursé des frais qu'il fait pour avoir une retraite dans le lieu où il avait négocié la lettre de change ? C'est parce qu'il n'avait fait cette négociation que dans son intérêt, et que par conséquent il doit supporter seul le préjudice qui peut en résulter.

Un décret du 24 mars 1848 avait modifié les art. 178, 179, et suspendu l'exécution des articles 180, 181, 186 du Cod. de comm. Voici comment l'art. 179 réglait le rechange pour la France continentale :

« Un quart pour cent sur les chefs-lieux de département, demi pour cent » sur les chefs-lieux d'arrondissemént, trois quarts pour cent sur toute au- » tre place.

» En aucun cas, il n'y aura lieu à rechange dans le même département. »

Ce décret, porté par le Gouvernement provisoire, dans un moment difficile, pour faciliter le commerce, n'est plus en usage. Telle est, du moins, la solution qui, en fait, paraît être adoptée.

Par dérogation à l'article 1153 C. N., l'intérêt du principal de la lettre de change protestée faute de payement, est dû à compter du jour du protêt (art. 184 C. comm.), tandis que l'intérêt des frais de protêt, rechanges et autres frais légitimes, n'est dû qu'à compter du jour de la demande en justice (art. 185 C. Comm.).

Quelle est la raison de cette différence? Elle provient de ce que, dans le cas de l'article 184, le tireur et les endosseurs s'étant obligés de faire payer la lettre de change au terme fixé, ils sont censés s'être obligés tacitement à indemniser le porteur du préjudice que lui cause le défaut de payement. Or, l'intérêt du principal forme naturellement cette indemnité. Cette obligation tacite n'a pas eu lieu au contraire pour l'intérêt des frais de protêt ; aussi l'article 185 rentre-t-il dans le principe énoncé dans l'article 1153 du Code Napoléon.

QUESTIONS.

1° Si le porteur ne trouve de lettre de change ni sur le tireur, ni sur aucun des endosseurs, peut-il en tirer une sur toute autre personne, et avoir le droit de prendre de l'argent à intérêt ? — Je ne le crois pas.

2° Le porteur qui fait retraite est-il dispensé de notifier le protêt et d'exercer son recours dans les délais? — Non.

3° Faute d'avoir rempli ces formalités, encourait-il les déchéances prononcées par l'article 168 C. comm. ? — Oui.

DROIT ADMINISTRATIF.

Des Contraventions en matière administrative.

Les principales contraventions en matière administrative sont les contraventions en matière de voirie.

La connaissance en appartient aux Conseils de préfecture, comme Tribunaux de conservation et de répression.

La voirie, dans son sens le plus général, comprend toutes les voies de communication, soit par terre, soit par eau. On la divise en grande et petite voirie. Nous allons étudier successivement à quelles contraventions elles peuvent donner lieu l'une et l'autre.

I. Le cinquième alinéa de l'art. 4 de la loi du 28 pluviôse an VIII est ainsi conçu :

« Le Conseil de préfecture prononcera sur les difficultés qui peuvent s'élever en matière de grande voirie. »

La loi du 29 floréal an X énumère d'une manière spéciale quelles sont les contraventions qui doivent être réprimées et poursuivies par voie administrative.

D'après cette loi, sont réputées contraventions les anticipations, dépôts de fumiers et d'autres objets, et toutes espèces de détériorations commises sur les grandes routes, sur les arbres qui les bordent, sur les fossés, ouvrages d'art et matériaux destinés à leur entretien, sur les canaux, fleuves et rivières navigables, leurs chemins de halage, francs-bords, fossés et ouvrages d'art.

Évidemment, cette énumération n'est pas complète. Les diverses voies de fait, et entreprises de nature à rentrer dans la catégorie des contraventions de grande voirie, sont trop variées pour qu'il soit possible de les prévoir et de les indiquer toutes. (15 août 1839. — 6 novembre 1839.)

Pour les rivières navigables, les Conseils de préfecture connaissent non-seulement des infractions aux règlements sur la navigation en général et sur les chemins de halage en particulier, mais des contraventions spéciales aux règlements particuliers aux bateaux à vapeur, et des accidents occasionnés soit par le défaut de précautions, ou par l'impéritie des capitaines ou conducteurs de ces bateaux. (C. Cass., 5 janv. 1839.)

Toute anticipation sur la largeur légale des voies de communication appartenant à la grande voirie, est une contravention. Les mesures provisoires pour le rétablissement de la viabilité, sont du ressort du Conseil de préfecture.

Les contraventions aux plaques des voitures et à la police du roulage, sont aussi de leur compétence. (Décret du 23 juin 1806.)

Sont assimilées aux contraventions, en matière de grande voirie,

1° Les détériorations, dégradations des ouvrages d'art destinés aux desséchements des marais, aux digues, aux quais, aux ports de commerce. (Loi du 16 sept. 1807. — Décret du 10 avril 1812, — 14 août 1822.)

2° Les plantations sans autorisation sur les bords de la mer. (Loi du 6 avril 1836.)

3° Les constructions ou plantations faites en opposition aux règles qui déterminent les servitudes des places de guerre. (17 juillet 1819.)

4° Les contraventions des propriétaires de mines.

5° Les contraventions qui concernent la voirie urbaine de la capitale.

Telles sont les principales contraventions en matière de grande voirie. Mais quelle en est la sanction ? C'est une amende prononcée par le Conseil de préfecture.

Le Conseil d'État a décidé que l'emprisonnement ne pourrait jamais être prononcé par les Conseils de préfecture, cette peine étant de celles auxquelles les Tribunaux judiciaires ont seuls le droit de condamner.

Cette amende, à laquelle peuvent condamner les Conseils de préfecture, a été réglée par la loi du 23 mars 1842. L'art. 1er de cette loi porte : « A dater de la promulgation de la présente loi, les amendes fixes établies par les règlements de grande voirie antérieurs à la loi des 19-22 juillet 1791, pourront être modérées, eu égard au degré d'importance ou aux circons-

…nces atténuantes des délits, jusqu'au vingtième desdites amendes, sans …utefois que ce minimum puisse descendre au-dessous de 16 fr. »

Les Conseils de préfecture peuvent donc aujourd'hui modérer les amendes, …e qu'ils ne pouvaient pas sous la législation antérieure à la loi du …2 mars 1842.

Comme Tribunaux de répression et de conservation, les Conseils de pré-…cture sont chargés non-seulement de punir les contrevenants, mais encore …'ordonner la réparation des faits dommageables qui constituent la contra-…ention. Ainsi, en cas d'empiétement, ils peuvent ordonner la démolition …es constructions, en se fondant sur la largeur légale que doit avoir la voie, …ais sans s'immiscer dans la question de propriété. Si le propriétaire la sou-…ve, il doit la porter devant les Tribunaux judiciaires, seuls compétents à …t égard. (27 février 1836. — 13 avril 1842.)

Les Conseils de préfecture peuvent aussi condamner les contrevenants …u payement des frais faits par l'Administration, pour la réparation des dé-…radations commises sur les voies publiques, (décret du 7 fructidor an XII); …ais ils ne peuvent prononcer des dommages-intérêts proprement dits. …Avis du Conseil d'État, du 20 sept. 1809.)

II. En matière de petite voirie, la juridiction des Conseils de préfecture …'est pas aussi étendue; elle se borne à la répression des contraventions …ommises sur les chemins vicinaux. Mais ici les contraventions relèvent …lutôt des Tribunaux judiciaires que des Tribunaux administratifs.

Les Conseils de préfecture peuvent seulement :

1º Prononcer sur le fait de l'usurpation, anticipation ou dégradation …ommises sur le sol du chemin. (Loi du 9 ventôse an XIII.)

2º Ordonner la destruction des travaux et le rétablissement des lieux dans …ur état.

Les Tribunaux de police prononcent ensuite sur les peines corporelles …u pécuniaires.

Citons quelques exemples.

Un riverain élève des constructions sur le sol de ce chemin; le Conseil …e préfecture le condamne à les démolir.

Des arbres ont été plantés dans les limites fixées d'un chemin vicinal; le …onseil de préfecture les fera arracher.

Un individu intercepte les communications en coupant le chemin par un fossé, en y construisant une digue, en plaçant des barrières aux deux extrémités; le Conseil de préfecture ordonne que le fossé soit comblé, que la digue soit détruite, que les barrières soient enlevées.

Pour compléter ce que nous avons à dire sur les contraventions en matière administrative, nous avons à parler des contraventions en fait d'alignement et de police du roulage.

On entend par alignement l'acte par lequel l'Administration détermine pour chaque riverain de la voie publique la ligne sur laquelle il peut établir, le long de cette voie, des constructions, plantations ou clôtures. Si donc le riverain dépasse la ligne déterminée par l'Administration, il y aura contravention.

Les règlements relatifs à la police du roulage ont pour but la conservation des routes et la sécurité des voyageurs.

Les lois du 29 floréal an X et du 7 ventôse an XII ont été longtemps les lois fondamentales de la matière. Les contraventions à ces deux lois étaient poursuivies devant le Conseil de préfecture.

Aujourd'hui la matière est réglée par la loi du 30 mai 1851. Voici quelles sont les principales contraventions dont parle cette loi :

Les contraventions concernant la forme des moyeux, le maximum de la longueur des essieux et le maximum de leur saillie au delà des moyeux, la forme des bandes des roues, la forme des clous des bandes, le maximum du nombre des chevaux de l'attelage, les mesures prises pour réglementer momentanément la circulation pendant les jours de dégel, la largeur du chargement, la saillie des colliers des chevaux, les modes d'enrayage.

Les contraventions quelconques consistent en un dommage causé à une route ou à ses dépendances par la faute, l'imprudence ou la négligence du conducteur.

Ces deux sortes de contraventions présentent le caractère commun qu'elles affectent directement ou indirectement l'état de la route, et c'est à ce caractère qu'elles doivent d'être classées dans la matière administrative.

QUESTIONS.

1° Les rues qui forment le prolongement des grandes routes rentrant dans le domaine administratif, les contraventions en cette matière sont du ressort des Conseils de préfecture. En est-il de même lorsqu'il s'agit de veiller à la commodité du passage ou à la salubrité publique ? — Oui.

2° L'art. 479, n° 11, du Code pénal enlève-t-il aux Conseils de préfecture la connaissance des contraventions résultant des dégradations et dépôts de matériaux sur les routes et chemins de halage ? — Non. (22 août 1837.)

3° La compétence des Conseils de préfecture est-elle bornée aux contraventions résultant des plantations indûment faites, ou bien s'étend-elle à toutes autres anticipations, dégradations, entraves apportées à la libre circulation ? — Elle est générale. (16 août 1808. — Non. Cour cass. (30 janvier 1807).

Cette thèse sera soutenue en séance publique, dans une des salles de la Faculté de Toulouse, le 2 août 1859.

*Vu par le **P**résident de la thèse,*

Gustave BRESSOLLES.

Toulouse, Impr. de Douladoure frères, rue Saint-Rome, 41.